DUDEN

Von Apfelbaum bis Zirkuszelt

Meiner lieben, klugen Anna
zu Weihnachten 2008, ein
Buch, das meine Töchter und ich
sehr lieben! Der Illustrator
ist ein guter Bekannter von uns.

Ich wünsche Dir und Deinen
Eltern viel Freude von A bis Z

Deine Almut

P.S. Ob Du bald einen Lieblingsbuchstaben hast?
Bei Clara war es das "M" mit dem Markttag...

DUDEN

Von Apfelbaum bis Zirkuszelt

Ein buntes Abc der Welt

von James Krüss
und Hans Ibelshäuser

DUDENVERLAG
Mannheim·Leipzig·Wien·Zürich

Die Deutsche Bibliothek – CIP-Einheitsaufnahme
Duden, Von Apfelbaum bis Zirkuszelt: ein buntes Abc der Welt /
von James Krüss und Hans Ibelshäuser. –
Mannheim; Leipzig; Wien; Zürich: Dudenverl., 1994
ISBN 3-411-05331-3
NE: Krüss, James; Ibelshäuser, Hans; Von Apfelbaum bis Zirkuszelt

Das Wort DUDEN ist für Bücher aller Art
für den Verlag Bibliographisches Institut & F. A. Brockhaus AG
als Warenzeichen geschützt.

Alle Rechte vorbehalten. Nachdruck, auch auszugsweise, verboten.
Kein Teil dieses Werkes darf ohne schriftliche Einwilligung des Verlages in irgendeiner Form
(Fotokopie, Mikrofilm oder ein anderes Verfahren), auch nicht für Zwecke
der Unterrichtsgestaltung, reproduziert oder unter Verwendung elektronischer Systeme
verarbeitet, vervielfältigt oder verbreitet werden.
© Bibliographisches Institut & F. A. Brockhaus AG, Mannheim 1994
Satz: typoPlus Föll + Schulz GmbH, Mannheim
Druck und Bindung: Neue Stalling GmbH, Oldenburg
Printed in Germany
ISBN 3-411-05331-3

Apfelbaum
Mit einem Apfelbaum beginnt
Dies Abc-Buch für ein Kind.
Im Lenz schmückt sich der Apfelbaum
Mit weiß und rotem Blütenschaum.

Antons Angel

Anton Angermann aus Trier
Angelt mit dem Stab, dem langen,
Wörter, die mit A anfangen,
Wie zum Beispiel diese hier:

Alge, Aal, Aquarium,
Abfluß, Ausguck und Antenne,
Arm (mit Armbanduhr drumrum),
Auerhahn und Auerhenne.

Anton angelt außerdem:
Aktenordner, Aktentasche,
Abfall (unser Weltproblem),
Apfelsaft (in grüner Flasche).

Auch zieht Anton noch an Land:
Anorak und Arbeitshose,
Anker, Axt, Arzneiverband,
Almenrausch und Alpenrose.

Aas
Ein Tier, wenn es gestorben ist,
Heißt Aas, wenn es der Geier frißt.

Abend
Der Abend ist vielleicht gedacht
Als Polster zwischen Tag und Nacht.

Abort
Im Abort, still und weltvergessen,
Tut man das Gegenteil von essen.

Adresse
Adressen gibt man deshalb an,
Damit man Post empfangen kann.

Affe
Du schaust den Affen gerne zu,
Weil sie so ähnlich sind wie du.

Akkordeon
Akkorde greifen, Ton bei Ton,
Kann Arndt auf dem Akkordeon.

Album
Will jemand nicht vergessen sein,
Schreibt er sich in ein Album ein.

Alk
Der Alk, als Lumme auch bekannt,
Hockt gern im Fels von Helgoland.

Alligator
Den Alligator laßt in Ruh:
Er beißt mit achtzig Zähnen zu!

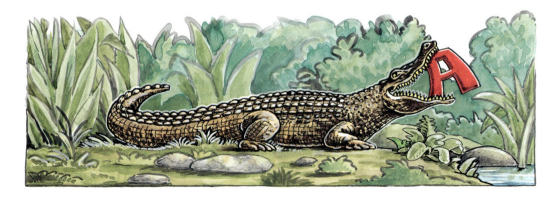

Ammer
Die Ammern, die im Röhricht hausen,
Pflegt mancher leider zu verschmausen.

Ampel
Die Ampel, grün und gelb und rot,
Zeigt: Freifahrt! – Achtung! – Fahrverbot!

Anakonda
Die Anakonda ist die lange
Schwarzbraun gefleckte Riesenschlange.

Ananas und Aprikose
Die Ananas gibt's meist in Dosen,
Als Trockenobst die Aprikosen.

Apfel und Apfelsine
Die Apfelsine bringt man frisch
Wie auch den Apfel auf den Tisch.

Asche
Die Asche ist der kleine Rest,
Den eine Flamme übrigläßt.

Atlas
Atlas, der Kartenband, zeigt an,
Wo Bonn liegt und Belutschistan.

Ausflug
Ein Ausflug wird zum schönen Traum
Als Picknick unterm Apfelbaum.

Ausweis
Vergiß nie: Nur dein Ausweis ist
Beweis, daß du vorhanden bist.

Bertas Brief

Berta hat vom Baadersee
Einen Brief an euch gerichtet.
Dort beginnt so viel mit B.
Davon hat sie flott gedichtet.

Berta malte, Berta schrieb,
Bunt- und Bleistift fleißig regend;
Berta zeigte, was es gibt
Bei dem See und in der Gegend:

Badeanzug, Badesteg,
Badekappe, Badehosen,
Bach mit Brücke, Busch und Weg,
Blumen, Blüten, Büschelrosen.

Braune Beine, braunen Bauch,
Barren, Bock, Ballone, Bälle,
Bogenschießen, Boxen auch,
Brause, Bier und Bachforelle.

Berta malte außerdem
Blumentopf und Wetterfahne,
Boot und Barke (schön bequem),
Bäcker, Brötchen und Banane,

Butterbrezel, Eiskaffee,
Brot mit Brombeermarmelade,
Bärenblütenblättertee,
Bienenstich und Milchschok'lade.

Bunte Blusen läßt sie seh'n,
Bänke (gut zum Buchdurchblättern).
Birnbaum, Birke, Buche steh'n
Brav am Wege zum Beklettern.

Berta fuhr im Briefe fort:
Bahnhotel ist gut zum Wohnen,
Bauernhöfe gibt's im Ort,
Bienenstöcke, Beete, Bohnen.

Berta schrieb vom Baadersee
Einen Brief euch, einen langen,
Einen Brief mit vielen B,
Und ihr habt ihn nun empfangen.
Zählt einmal die B
Von dem Baadersee!

Baby
Verpackt in Windeln, watteweichen,
Kriegt Baby Schnuller oder Breichen.

Bäcker
Der Bäcker backt mit Mehl und Mühe
Das Brot für uns in aller Frühe.

Bad
Ein Bad hat Dusche, Klo und Wanne
Und riecht nach Nadeln von der Tanne.

Bahnhof
Die schnellen Züge enden alle
Im Schutze einer Bahnhofshalle.

Band
Das Band, es bindet (wie ein Strick).
Die Band (sprich: Bänd) macht viel Musik.

Bär
Der Bär kann klettern, aufrecht steh'n,
Und auch auf allen Vieren geh'n.

Bart
Den Bart gibt's von verschied'ner Art:
Kinn-, Backen-, Schnurr- und Zwirbelbart.

Baum
Ein Baum, gefällt, gibt Balken, Bretter.
Doch blühend find' ich ihn viel netter.

Beere
Die Beeren, zum Verzehr gesund,
Sind oftmals rot und immer rund.

Berg
Im Berge, hochgetürmt aus Stein,
Fährst unten du ins Bergwerk ein.

Besen
Der Besen, der den Boden fegt,
Im Flug so manche Hexe trägt.

Besteck
Zum Essen nimm statt Fingern besser
Besteck wie Gabel, Löffel, Messer.

Bett
Im Bette kannst du vieles tun,
Kannst toben, lesen, schlafen, ruh'n.

Bettler
Der Bettler liebt auch Kleingeld sehr.
Doch freut es ihn, bekommt er mehr.

Beule
Die Beule ist, durch Stoß entstanden,
Auf Stirn und Autoblech vorhanden.

Beute
Was Jäger, Plünd'rer, Räuber freute,
War immer der Gewinn: die Beute.

Biber
Der Biber lebt, wo Binsengras ist,
Und baut die Biberburg, wo's naß ist.

Bikini
Die Bademode mini-mini
Nennt man nach dem Atoll Bikini.

Bild
Ein Bild faßt Sichtbares zusammen.
Bist du im Bild, bleibst du im Rahmen.

Blindschleiche
Blindschleichen, schlangenähnlich, sind
Kleinäugig, doch sie sind nicht blind.

Blitz
Bevor der Donner dröhnt und kracht,
Erhellt der Blitz auch tiefste Nacht.

Blut
Das Blut, dein Lebenssaft, ist rot,
Weil's anzeigt, daß Gefahr dir droht.

Boden
Stehst du auch fest am Boden hier:
Der Dachboden ist über dir.

Boje
Die Boje, festgemacht mit Anker,
Warnt Boot und Dampfer, Kahn und Tanker.

Bonbon
Ein Lutschbonbon soll nach dem Lutschen
Geschwind den Schlund hinunterflutschen.

Braten
Den Braten, saftig gut geraten,
Verzehr'n auch kleine Teufelsbraten.

Bremse
Zieh nie im Zug die Bremse scherzhaft.
Als Fliege sticht die Bremse schmerzhaft.

Brennessel
Die Brennessel ist grün und sticht,
Doch als Salat und Suppe nicht.

Brille
Die Brillen, die zum Sehen taugen,
Verbessern unsre schwachen Augen.

Buch
Ein Buch ist leise, manchmal weise
Und sehr beliebt im Leserkreise.

Büchse
Büchse (als Büx auch kurze Hose)
Ist eine Flinte oder Dose.

Buchstaben
Buchstaben, schwarz auf weiß gesetzt,
Sie machen uns gescheit zuletzt.

Bumerang
Den Bumerang wirf fort ein Stück:
Er kehrt in deine Hand zurück.

Burg
Den Ritter barg vor Feindestücke
Die Burg mit Graben, Tor und Brücke.

Bürste
Die Bürste mit den Bürstenhaaren
Muß hin und her zum Säubern fahren.

Butter
Die Kuh gibt Milch. Die Milch wird Butter.
Die Butter streicht aufs Brot die Mutter.

Camping-Strophen

Ein Wort, das mit dem C beginnt,
Das ist im Deutschen selten.
Drum sucht danach ein kluges Kind
Beim Camping oder Zelten.

Man kann ja nicht in Deutschland nur,
In Chemnitz oder Minden,
Man kann auch bei der Auslandstour
Die Campingplätze finden.

Man findet sie auf Capri auch,
In China und in Chile.
Ja, Campingplätze werden Brauch.
Drum gibt's davon so viele.

Oft gibt's beim Camping ein Café.
Doch manchmal – das ist gräßlich –
Ist dort das Wasser für den Tee
Gechlort und milchig-häßlich.

Dann rufen ärgerlich im Chor
Carl, Christoph und die Lola:
Wir wollen keinen Tee mit Chlor!
Wir trinken lieber Cola.

Wir essen lieber Camembert
Mit Champignon und Trüffeln.
Wir mögen lieber Preiselbeer-
Und Himbeersäfte süffeln.

Wir schau'n uns lieber Comics an
Mit Cowboys und Coyoten,
Mit Condor, Colt, Chamäleon
Und auch mit ein paar Toten.

Vom Campingplatz aus seht ihr, Leut',
Weinlese im September,
Im Februar Clowns im Faschingskleid,
Das Christkind im Dezember.

Computerspiele könnt ihr wie
Auch Kartenspiele machen,
Selbst Hausaufgaben für Chemie
Und tausend andre Sachen.

Ein Campingplatz schenkt auch die Rast,
Euch sprachlich zu besinnen,
Weil er so schön für Wörter paßt,
Die mit dem C beginnen.

Dorfes Stille, Dorfes Frieden

Was geschieht im Dorfe drinnen?
Und wie sieht's im Dorfe aus?
Wörter, die mit D beginnen,
Malen es dir deutlich aus.

Dächer leuchten rot und friedlich;
Darren trocknen Gras zu Heu;
Dotterblumen strahlen südlich;
Dahlien blüh'n, wenn Herbst ist, neu.

Dackel, rauhe wie geschleckte,
Dackeln wackelnd vor dem Haus;
Doggen, schwarz und weiß gefleckte,
Droh'n der Katze wie der Maus.

Drosseln singen, Dohlen kreisen,
Distelfink ruft: Apupú!
Durch den Sommerwind, den leisen,
Dringt ein würziger Duft herzu.

Doch beinah aus jeder Ecke
(Daher, dorther, wie man will)
Dringt über die Dornenhecke
Derber Duft nach Dung und Dill.

Dorfes Stille, Dorfes Frieden,
Dorfes Schweigen, Dorfes Ruh
Decken hier weltabgeschieden
Das, was lärmen möchte, zu.

Dann jedoch denkst du verdattert:
Dorfes Ruh? Damit ist Schluß.
Denn die Dreschmaschine rattert,
Die den Weizen dreschen muß.

Das, ihr Lieben, ist die Wende,
Denn nun wird das Lärmen Brauch.
Drum ist das Gedicht zu Ende.
Und des Dorfes Frieden auch.

Dachstuhl
Das Dach sitzt rittlings, schräg und stolz
Auf einem Dachstuhl, ganz aus Holz.

Damm
Der Damm, an beiden Seiten schräg,
Staut Wasser und dient auch als Weg.

Dampfer
Ein Dampfer war ursprünglich nur
Ein Schiff, das noch mit Dampfkraft fuhr.

Dattel
In Bündeln hängt am Palmenbaume
Die Dattel, süßer als die Pflaume.

Daumen
Damit die Hand gut greifen kann,
Sitzt Gott sei Dank der Daumen dran.

Decke
Die Decke überm Kopf muß hart sein,
Die für das Bett soll weich und zart sein.

Deich
Der Deich, ein hoher Damm, soll nützen,
Vor Sturmflut Mensch und Land zu schützen.

Delphin
Schnell, schön und fast so klug wie wir
Ist der Delphin, das Wassertier.

Detektiv
Dem Unrecht folgt der Detektiv
Auf Zickzackwegen krumm und schief.

Dickicht
Was man im Walde Dickicht nennt,
Ist dichtes Buschwerk (das gut brennt).

Diele
Die Diele ist ein Bodenbrett,
Auch Eßraum, Flur und Tanzparkett.

Diener
Der Diener dient meist einem Herrn.
Wer Diener macht, verbeugt sich gern.

Dinosaurier
Die Dinosaurier, Riesenechsen,
Lebten mit Riesenfarngewächsen.

Drachen
Ein Märchensaurier ist der Drachen.
Du kannst ihn auch aus Pappe machen.

Draht
Draht, die Metallschnur, ist elastisch,
Strom leiten kann sie ganz fantastisch.

Dreieck
Das Dreieck hat drei Ecken nur
Als geometrische Figur.

Dschungel
Im Dschungel, Wäldern hoch und dicht,
Herrscht Feuchtigkeit und Dämmerlicht.

Dynamo
Brauchst du fürs Fahrrad Licht bei Nacht,
Wird's vom Dynamo dir gemacht.

D-Zug
Der D-Zug, der durchfahren kann,
Hält nicht bei jedem Bahnhof an.

Ei, Ei, Ei

Aus E-Wörtern, die wir sieben,
Klauben wir uns jetzt geschwind
Wörter, die mit „ei" geschrieben,
„Aus dem Ei gekrochen" sind.

Es entsteh'n so: Eierschale,
Eierbecher, Eierspeis,
Einkaufszettel und -zentrale,
Einkaufstasche, Einkaufspreis.

Es entstehen: Eile, Keile,
Edelweiß und Elfenbein,
Edelsteine, Eisenfeile,
Eintrittskarte obendrein.

Es entstehen: Eiben, Eichen,
Eichhorn, Eichelhäher auch,
Eis und Eisbär und desgleichen
Eiseskälte, Eiseshauch.

Es entstehen: Eisenzäune,
Eisenbahnabteil dazu,
Eingang, Einzug, Hosenbeine,
Einwegflasche, Reiseschuh.

Viele Wörter, die wir hatten,
Krochen aus dem Ei herbei.
Laßt uns diese Wörter braten.
Machen wir draus – Spiegelei.

Ecke
Ecken entsteh'n, wo, strenggenommen,
Zwei G'rade schräg zusammenkommen.

Efeu
Efeu bedeckt als Blätterteppich
Die Hauswand oft. Und heißt auch Eppich.

Eidechse
Eidechsen, länglich, flink und klein,
Lieben den Stein im Sonnenschein.

Eigelb
Der Dotter, als das Herz des Eis,
Ist das Eigelb. Der Rest ist weiß.

Einkaufswagen
Kann der, der kauft, nicht alles tragen,
Benutzt er einen Einkaufswagen.

Eisen
Eisen ist ein Metall, das rostet
Und weniger als Silber kostet.

Elefant
Mit Rüssel, Stoßzahn, Segelohr,
So stellt der Elefant sich vor.

Elfe
Die Elfen sind, vereint im Reigen,
Luftgeister, die sich selten zeigen.

Ellenbogen
Hast du den Arm mal angezogen,
Ragt spitz heraus dein Ellenbogen.

Elster
Elstern sind schwarz und weiße Raben.
Was glitzert, woll'n sie gerne haben.

Ente
Wildenten zieh'n im Herbst weit fort.
Hausenten bleiben stets am Ort.

Erbse
Die Erbse, grün und rund, kommt frisch
Besonders schmackhaft auf den Tisch.

Erde
Behütet unsern Stern, die Erde,
Damit er nicht zum Müllstern werde!

Erdnuß
Erdnüsse (mit und ohne Schalen)
Gibt es als Butter auch gemahlen.

Ernte
Die Ernte heißt vor allen Dingen:
Die Frucht – ob Korn, ob Obst – einbringen.

Eskimo
Die Welt des Eskimos ist weiß,
Denn er lebt meist in Schnee und Eis.

Etui
In das Etui, ob groß, ob klein,
Legt man meist das, was paßt, hinein.

Eule
Die Eule kann gut seh'n bei Nacht,
Weshalb sie nachts auch Beute macht.

Euter
Der Melker melkt mit stripp strapp stroll
Das Euter leer, den Eimer voll.

Explosion
Was blitzschnell birst mit lautem Ton,
Ist meistens eine Explosion.

Friede, Freude, Fröhlichkeit

Falls du folgst den Goldfasanen,
Fest das Fernglas in der Hand,
Falls du fröhlich bunte Fahnen
Flattern siehst hoch überm Land:

Folgst du einem flüchtigen Laute,
Folgst dem F mit langem Hauch,
Folgst ihm in das nicht Vertraute,
Folgst ihm in die Fremde auch.

F bedeutet Ferienmachen,
Fern von Schule, Heim und Haus,
Falkengleich mit frohem Lachen
Fliegen in die Welt hinaus.

Mein farbiges Fotoalbum

F, der Fluchtlaut, führt ins Ferne,
Führt die Fähre hin und her,
Führt das Flugzeug in die Sterne,
Führt den Faden durch das Öhr.

F bringt eine frische Brise
Für den Fahrensmann an Bord,
F führt in der Flöte diese
Frische Brise tönend fort.

F führt in das Weite, Hohe,
Führt weit fort von Raum und Zeit,
Führt vor allem in das Frohe:
Friede, Freude, Fröhlichkeit.

Fabrik
Fabriken rauchen oftmals sehr
Und stellen immer etwas her.

Fahrplan
Der Fahrplan zeigt, wo, wie und wann
Man abfahr'n und ankommen kann.

Fahrrad
Das Fahrrad kennt und fährt fast jeder:
Pedale, Sattel und zwei Räder.

Fallschirm
Sanft niedersinkt auf Strand und Feld,
Wer sich an einem Fallschirm hält.

Falter
Die feinen Flügel faltet flink
Der Falter oder Schmetterling.

Familie
Familie ist, mehr oder minder,
Ein Elternpaar und dazu Kinder.

Farben
Des Menschen Auge müßte darben,
Gäb's auf der Welt nicht viele Farben.

Farn
Farn wächst an Wänden, Mauern, Ecken
In feuchten schattigen Verstecken.

Fasching
Maskiert, verkleidet geht's zum Ball
Im Fasching oder Karneval.

Faß
Im Faß aus Holz kann Essig, Wein,
Bier, Whisky oder Rum drin sein.

Federball
Der Federball ist nicht aus Leder,
Sondern aus Gummi, Kork und Feder.

Feile
Die Feile, welche Raspeln hat,
Feilt – selber rauh –, was rauh ist, glatt.

Ferkel
Das Ferkel ist das Kind vom Schwein.
Es schmeckt dem Menschen leider fein.

Fernglas
Durchs Fernglas siehst du nah, was fern ist,
Ob's Apfelbaum, ob's Apfelkern ist.

Fichte
Der Fichtenbaum, er reckt sich stolz
Als immergrünes Nadelholz.

Film
Der Film zeigt dir als Traumfabrik
Bewegte Bilder mit Musik.

Filter
Ein Filter scheidet vom Kaffee
Den Kaffeesatz, Teeblatt vom Tee.

Fingerhut
Den Fingerhut, als Pflanze Gift,
Am Finger oft die Nadel trifft.

Fischerboot
Der Fischermann verdient sein Brot
Durch Fischfang mit dem Fischerboot.

Flasche
Die Flasche, außen meist aus Glas,
Ist innen oft von Flüssigem naß.

Flaschenpost
Die Flaschenpost im Meer verkündet,
Woher sie kam, dem, der sie findet.

Fleck
Den Fleck am Anzug wischt man fort.
Der Flecken ist ein kleiner Ort.

Fledermaus
Wenn's dunkelt, fliegt die Fledermaus
Zum Fange der Insekten aus.

Fleischer
Der Fleischer macht, der Fleischer hat
Wurst, Schinken, Fleisch und Fleischsalat.

Flieder
Blau oder lila blüht der Flieder
Süß duftend jedes Frühjahr wieder.

Floh
Der Floh springt weit. Der Floh sticht gut
Und nährt sich so von unsrem Blut.

Flohmarkt
Der Flohmarkt bietet – welch ein Wunder –
Statt Flöhen Krimskrams an und Plunder.

Floß
Ein Floß aus Stämmen oder Rohr
Treibt eine Strömung, kein Motor.

Fluß
Ein Fluß fließt langsam oder schnell
Und hat an seinem Grund Geröll.

Fohlen
Die kleinen Pferde heißen Fohlen
Und steh'n noch schwankend auf den Sohlen.

Förster
Der Förster muß die Bäume pflegen
Und Hirsch und Reh und Hase hegen.

Frau
Die Frau – was keinem Mann gelingt –
Zur Welt die kleinen Kinder bringt.

Freund
Dein Freund ist, wer dir bis zum Tod
Beisteht, auch in Gefahr und Not.

Friseur
Mit Schere, Kamm und viel Kultur
Legt der Friseur dir die Frisur.

Frosch
Der Frosch im Teiche fängt die Fliegen,
Doch muß er sie zuvor auch kriegen.

Frühling
Der Frühling kommt mit blauer Luft,
Mit Knospe, Blatt und Blütenduft.

Fuchs
Der Fuchs hingegen, der Schlawiner,
Der rote Blitz, fängt lieber Hühner.

Funke
Aus einem Funken in der Scheuer
Wird leicht ein Feuerungeheuer.

Fuß
Des Menschen Fuß mit seinen Zehen
Läßt ihn in Würde aufrecht gehen.

Fußball
Fußball ist: Ecke – Tor – Elfmeter
Und zweiundzwanzig Bälletreter.

Der Gartengang

Laßt uns in den
Garten geh'n,
Um ihn friedlich
Anzuseh'n:

Gartenwege, Gartenbeete,
Gartenzaun und Gartenschlauch,
Gartenmöbel und -geräte,
Gras und Gänseblümchen auch.

Guckt euch Ginster und Gladiolen,
Goldlack, Gartenthymian,
Glockenblumen und Violen,
Gurken und Gemüse an.

Gabel
Die Gabel ist's, mit der du ißt.
Als Forke gräbt sie um den Mist.

Gabelstapler
Ein Gabelstapler kann hingegen
Erst Lasten heben, dann bewegen.

Gangster
Der Gangster ist in der Gang (sprich Gäng),
Raubt, braucht Gewalt und schießt: piff päng!

Garderobe
Garderobe heißt das, was man trägt,
Doch auch, wohin man's hängt und legt.

Gardine
Als Schutz vor Licht und Sonne dienen
Gardinen vor den Fenstern drinnen.

Garn
Garnspinnen ist heut selt'ner Brauch
Sein Garn spinnt der Erzähler auch.

Gebiß
Ob eigner Zahn, ob Kunst: Gewiß
Braucht man zum Beißen ein Gebiß.

Geburt
Kommst du zur Welt bei der Geburt,
Nennt man dich Klara oder Kurt.

Gedicht
Stets Takt, oft Reim hat das Gedicht.
Die Prosa hat meist beides nicht.

Gehege
Ein Tier hat oft zwar gute Pflege,
Doch keine Freiheit im Gehege.

Geier
Der Geier als Aasvogel frißt
Ein Tier nur, wenn's Kadaver ist.

Geige
Die Geige tönt mit den vier Saiten,
Läßt man den Bogen drübergleiten.

Geld
Ob reich, ob arm, bei allen zählt es.
Wer's hat, wird satt. Wem's fehlt, den quält es.

Gemälde
Gemälde sind gemalte Bilder,
Ob Selbstporträts, ob Wirtshausschilder.

Gemse
Die Gemse ist ein schlankes Tier.
Sie springt herum im Bergrevier.

Genick
Unter des Kopfes hint'rem Teile
Krönt das Genick die Wirbelsäule.

Gepäck
Gepäck heißt, was du mit dir trägst,
Wenn du auf Reisen dich bewegst.

Gesäß
Worauf du sitzt, ob so, ob so,
Ist dein Gesäß, kurzum: dein Po.

Geschirr
Geschirr verbindet Pferd und Wagen.
Geschirr kannst du zum Abwasch tragen.

Gespenst
Auch wenn's so scheint im Dämmerlicht:
Gespenster, Kinder, gibt es nicht!

Gewächshaus
Was nicht gedeiht im kalten Klima,
Warm im Gewächshaus kommt es prima.

Geweih
Bei Hirsch und Rehbock jährlich neu
Wächst ihre Waffe, das Geweih.

Gewitter
Gewitter kommt daher mit Regen,
Sturm, Dunkel, Blitz und Donnerschlägen.

Giebel
Schön dreiecksförmig sitzt zumeist
Hoch unterm Dach, was Giebel heißt.

Gipfel
Von einem Berg den höchsten Zipfel,
Oft kreuzgeschmückt, den nennt man Gipfel.

Giraffe
Das Steppentier mit längstem Hals
Ist die Giraffe jedenfalls.

Girlande
Girlanden, Blüten-Laub-Gehänge,
Winden sich oftmals um Gestänge.

Gitter
Aus-, weg- und eingesperrt in Gitter:
Eines Gefang'nen Los ist bitter.

Glatteis
Wenn du bei Glatteis nicht hinschlägst,
Dann deshalb, weil du Schlittschuh trägst.

Glatze
Glatze ist Haarwuchs umgekehrt,
Ist Haupt, das seines Haars entbehrt.

Gleis
Die Züge fahr'n, ob laut, ob leise,
Schienengeführt auf dem Geleise.

Gletscher
Die Gletscher sind in kalten Breiten
Eisströme, die bergabwärts gleiten.

Glocke
Geburt, Vermählung, Tod bedeutet,
Was hoch vom Turm die Glocke läutet.

Glühbirne
Was in Glühbirnen glüht, gibt Licht.
Glühbirnen essen kann man nicht.

Glühwürmchen
Glühwürmchen glühen von Natur.
Doch glüh'n die Hinterteilchen nur.

Glut
Was glüht, nicht brennt und immer gut
Zum Grillen taugt, das ist die Glut.

Gondel
Die Gondel hängt am Luftschiff dran
Und ist Venedigs Ruderkahn.

Graben
Ein Landweg muß seitwärts den Graben
Vertieft als Wasserablauf haben.

Gräten
Die Gräten sind des Fisches Knochen,
Und man entfernt sie nach dem Kochen.

Grenze
Für Grenzen (die sich auch verschieben)
Gibt's stets ein Hüben und ein Drüben.

Gurgel
Die Gurgel ist Kehlkopf plus Schlund.
Das Gurgeln hält den Hals gesund.

Gürteltier
Hornplatten, gürtelförmig, nützen,
Das Gürteltier vorm Feind zu schützen.

H, das ist der Luftbuchstabe

Willst du wissen, was das H macht,
Was es hier macht, was es da macht,
Wie es hüpft durch Luft und Licht?
Lies das folgende Gedicht!

H, das ist der Luftbuchstabe,
Hauchlaut, Hetzlaut, lockrer Knabe,
Hauchend, wo in freier Luft
Hirten auf den roten Heiden
Heiter ihre Herden weiden,
Hoch im Blau die Lerche ruft.

H läßt Hemd und Hosenbeine
Heftig flattern an der Leine,
Hähnen schenkt's ihr Kikriki,
Hähern spendet's Haselnüsse,
Hollerbeeren der Hornisse,
Hohen Wuchs der Lilie.

Heilsam häuslich aber ist es,
Hockt man sich, wenn trübes, tristes
Herbstesgrau das Herz beschwert,
Hin in warme Luft von Höhlen,
Heimen, Häusern, Hallen, Sälen,
Hütend freundlich Heim und Herd.

H ruft aber auch, das kecke:
Hüpf, Heupferdchen, hüpf, Heuschrecke,
Hops von Halm zu Halme fort!
Hahnenfuß und ihr dahinten,
Hellgefärbte Hyazinthen,
Hebt und wiegt die Häupter dort.

H fliegt weithin durch die Gegend.
Harfentöne, herzbewegend,
Harft es hell im Birkenbaum,
Heulen läßt es Schiffssirenen,
Huh und tuut, auf Dampfern, Kähnen,
Hinterm Schiff her hetzt es Schaum.

H als Herbstwind schüttelt Wälder,
Hechtet über Stoppelfelder,
Hebt den Staub als Wirbelwind.
Hunde jagt es, daß sie schnaufen.
Hasen, die im Zickzack laufen,
Hetzt es, wenn die Jagd beginnt.

Horch, vom Wald her tönen Hörner,
Hallen nah, verhauchen ferner:
Halali und halalo!
Holla, wie die Hunde hetzen!
Hüa, wie die Reiter wetzen,
Hoppla, über Hecken setzen,
Heißa, daß die Blätter fetzen!
Ha, das H, es ist mal so.

So, nun weißt du, was das H macht,
Was es hier macht, was es da macht
Und wie's hüpft durch Luft und Licht.
Darum endet das Gedicht.

Hacke
Mit einer Hacke hackt man vieles,
Sie sitzt am Ende eines Stieles.

Hafer
Der Hafer, auch als Futter nütze,
Gibt Haferflocken, -mehl und -grütze.

Hagebutte
Juckpulver machen kannst du auch
Aus Hagebutten, frisch vom Strauch.

Haken
An Haken hängt man Schal und Hut.
Mit Haken fängt man Hai und Butt.

Hammer
Die Schmiede dröhnt, das Eisen klingt
Dann, wenn der Schmied den Hammer schwingt.

Hampelmann
Hampelmann spielen ist nicht schwer.
Du ziehst am Strick: Schon hampelt er.

Hamster
Der Hamster lagert Nüsse ein,
Um winters gut versorgt zu sein.

Hand
Des Menschen Hand kann heben, tragen,
Kann segnen, morden, streicheln, schlagen.

Handschuh
Der Handschuh hält die Hände warm
Und reicht oft bis hinauf zum Arm.

Handstand
Im Handstand (falls man Handstand kann)
Schaut man die Welt von unten an.

Hecht
Der Hecht im Teich, der schlanke, lange,
Macht kleinen Fischen angst und bange.

Heft
Das Heft als Griff ist Schwertes Zier,
Doch auch geheftetes Papier.

Heidelbeere
Die Heidelbeere schmeckt sehr fein,
Gibt Wein und dämmt den Durchfall ein.

Herz
Das Herz hält uns am Leben: Gut
Treibt's durch die Adern unser Blut.

Heu
Ist Gras getrocknet, heißt es Heu
Und dient als Futter oder Streu.

Hobel
Der Hobel glättet, Span um Span,
Des Brettes nicht so glatte Bahn.

Honig
Wenn Bienen Saft gesammelt haben,
Entsteht der Honig in den Waben.

Hubschrauber
Hubschrauber oder Helikopter
Steigt senkrecht auf und senkrecht stoppt er.

Hufeisen
Hufeisen, Hufschutz für das Pferd,
Ist manchem als Glücksbringer wert.

Hummel
Die Hummel, eine Bienenart,
Ist pummelig und sehr behaart.

Hummer
Der Hummer, Meereskrebs mit Zangen,
Ist schmackhaft und wird gern gefangen.

Hut
Ein Helm ist er zwar nicht, der Hut,
Doch vor dem Wetter schützt er gut.

Immerfort und Immerzu

Immer sagen ich und du
Immerfort und immerzu:
Immer!

Immer saftig sind die Reben,
Immer sind die Inder braun,
Immer Inseln meerumgeben,
Immer Latten dran am Zaun.

Immer schwarz sind Afrikaner,
Immer neidisch macht das Geld,
Immer leben Indianer
In dem Indianerzelt.

Immer warm im Iglu hausen
Innendrin die Eskimos.
Immer, wenn die Winde brausen,
Ist die wilde Windsbraut los.

Immer müssen Bienen (Immen)
In des Imkers Korb hinein,
Immer Instrumente stimmen,
Immer Igel stachlig sein.

Immerzu in Zickzacklinien
Irren Schwalben durch die Luft,
Immer haben grüne Pinien
In Italien herben Duft.

Immer jagt der Iltis Vögel;
Immer stakst der Ibis schön
In Ägypten, wo als Kegel
Immer Pyramiden steh'n.

Aber fragt man: Geht's dir schlimmer?
Kriegst du Mumps und Diphtherie?
Wird aus immer plötzlich nimmer,
Wird aus immer plötzlich:
Nie!

Jeder Koch hat seine Kelle

Jedermann, ob Kind, ob nicht,
Les' mein Jedermannsgedicht.

Jeder Koch hat seine Kelle,
Jede Jacht hat ihren Mast,
Jeder Jahrmarkt Karusselle,
Jeder Bastkorb seinen Bast.

Jeder Bauch hat seinen Magen,
Jeder Hirsch hat sein Geweih,
Jede Jacke ihren Kragen,
Jedes Jahr hat seinen Mai.

Jeder Junge hat sein Mädchen,
Jeder Winzer seinen Wein,
Jede Uhr hat ihre Rädchen,
Jedes Ja sein hartes Nein.

Jede Jeans ist leicht zu waschen,
Jeder Jaguar gefleckt,
Jeder Joghurt ist zum Naschen,
Jede Gasse liegt versteckt.

Jede Jagd hat ihre Treiber,
Jeder Jäger sein Gewehr,
Jedes Amt hat seine Schreiber,
Jeder Werfer seinen Speer.

Jeder Jeep taugt fürs Gelände,
Jeder Apfel für den Fall,
Jeder Jubel hat ein Ende,
Jeder Jodler seinen Hall.

Jeder Pfad hat seine Kehren,
Jeder Braunbär sein Gebrumm,
Jeder Wald Johannisbeeren,
Jeder Jux sein Publikum.

Und dies Jot-Gedicht, beguck's:
Ist es nicht am Ende Jux?

Der Korb aus Bast

Karin Körber aus Klein-Vinnen
Tut in einen Korb aus Bast
Wörter, die mit K beginnen,
Weil der Korb sie alle faßt:

Kabel, Kachel und Kabine,
Kauz, Kamel und Kakadu,
Kanne, Kellner und Kantine,
Kajak, Kutter, Kahn, Kanu,

Kaufhaus, Karre, Kontokasse,
Ketchup, Kalbfleisch, Keks, Kakao,
Kürbis, Käse (erster Klasse),
Karpfen, Krebs und Kabeljau.

Küche, Kochtopf, Koch, Konditor,
Kommen in den Korb und auch
Kühlschrank, Krug (für viele Liter),
Kerbel, Knob- und andrer Lauch,

Krabben, Kirschen (welch Gewimmel!),
Knäckebrot, Kamille, Korn,
Kohl, Karotten, Kuchen, Kümmel,
Kokos, Krokus, Rittersporn.

Karin Körber packt dann munter
Weiter in den Korb aus Bast
(Es wird immer kunterbunter)
Alles, was der Korb noch faßt:

Kanzel, Kirche, Kreuz, Kapelle,
Kronenkorken, Klosterbier,
Keller, Küfer, Klosterzelle,
Kruzifix und Kirchentür.

Krippe, Kufe, Kurve, Kutsche,
Kröte, Krähe, Kalb und Kuh,
Kind und Kegel, Kinderrutsche,
Kindergarten, Kinderschuh.

Kasper, Kasperletheater,
König, Königin und Knecht
Kommen neben Katz und Kater
Königlich im Korb zurecht.

Kühlerhaube, Kohleheizung
Kommt dazu, auch Kinn und Kopf,
Knie und Knochen, Kreis und Kreuzung,
Knäuel, Knoten, Kamm und Knopf.

Karin Körber aus Klein-Vinnen
Hat in ihrem Korb aus Bast
Wörter, die mit K beginnen,
Schön in Flechtwerk eingefaßt.

Alles durften wir beseh'n.
Karin Körber, dankeschön!

Käfer
Der Käfer als Insektenart
Fliegt, krabbelt und ist oft behaart.

Kaffee
Kaffee kommt von den Tropen her.
Gar mancher liebt ihn schwarz wie Teer.

Käfig
Den Käfig mag ein Tier nicht sehr,
Weil es meist lieber draußen wär'.

Kaktus
Dem Kaktus sind die Stacheln eigen.
Doch mancher Kaktus trägt auch Feigen.

Kalender
Kalender teilen ein das Jahr.
Beginn: Der erste Januar.

Kamille
Kamille, aufgebrüht als Tee,
Besänftigt Darm- und Magenweh.

Kamin
Kamin ist Abzug für den Rauch,
Doch off'ne Feuerstelle auch.

Kanal
Kanäle fließen immer nur
Als Menschenwerk, nie von Natur.

Kaninchen
Kaninchen, graue Schnuppernasen,
Sind fruchtbar und verwandt den Hasen.

Kappe
Die Kappe trägt man auf dem Haar.
Tarnkappen machen unsichtbar.

Karte
Von Karten gibt es viele Arten:
Land-, Eintritts-, Spiel- und Ansichtskarten.

Kartoffel

Kartoffeln, die der Indio aß,
Sind ein Geschenk Amerikas.

Karton

Karton nennt man nach altem Brauch
Dickes Papier und Schachteln auch.

Kassette

Kassette heißt ein Kästchen für
Schmuck, Münzen, Briefe, Wertpapier.

Kaulquappe

Kaulquappen, die ihr schwänzeln seht,
Sind das, woraus ein Frosch entsteht.

Keil

Zum Spalten treibt man einen Keil
In das, was ganz ist oder heil.

Kessel

Braukessel sind fürs Bier vorhanden,
Talkessel rings von Höh'n umstanden.

Kette

Die Kette hält – meist schwer zu sprengen –
Durch Glieder, die zusammenhängen.

Kiefer

Die Kiefer wächst als Baum mehr nördlich.
Der Kiefer schmerzt uns manchmal örtlich.

Kieselstein

Der Kiesel, oft zum Wurf ergriffen,
Wird meist in Flüssen rund geschliffen.

Kinderwagen

Ist Baby schon zu schwer zum Tragen,
Fährt man es aus im Kinderwagen.

Kino

Im Kino siehst du, flach und eben,
Auf Leinwand nachgemachtes Leben.

Kiosk
Kein Kiosk, der nicht Illustrierte,
Getränke oder Bonbons führte.

Kissen
Ein Kissen, seidig oder ledern,
Füllt man mit Wolle, Roßhaar, Federn.

Klecks
Nimmst du zuviel an Tusche dir:
Klacks, ist ein Klecks auf dem Papier.

Klee
Gewöhnlich hat der Klee drei Blätter.
Doch ist das Glücks-, das Vierklee, netter.

Kleid
Die Frau trug schon in alter Zeit
Haus-, Jacken-, Jagd- und Hochzeitskleid.

Klempner
Der Klempner legt und repariert
Das Rohr, das Gas und Wasser führt.

Klettergerüst
Zum Kletternlernen nützlich ist
Ein Kletter- oder Turngerüst.

Knochen
Knochen geben dem Menschen Halt,
Der geht und steht, ob jung, ob alt.

Knospe
Blatt oder Blüte platzt und dringt
Ans Licht, wenn eine Knospe springt.

Koffer
Auf Reisen geht man in der Regel
Mit Kleid und Koffer, Kind und Kegel.

Komet
Ein Schweifstern, den ihr selten seht,
Der kommt und geht, ist ein Komet.

Kompaß
Die Nadel weist im Kompaß drin
Magnetisch auf den Nordpol hin.

Komposthaufen
Aus Abfall, Erde, Gras und Mist
Entsteht Kompost, der fruchtbar ist.

Konfetti
Konfetti streut man überall
Als bunten Schnee im Karneval.

Kralle
Bei Katzen sind es nicht die Tatzen,
Sondern die Krallen, welche kratzen.

Krokodil
Ein langbezahntes Krokodil
Frißt nicht sehr oft, doch dann sehr viel.

Krone
Wer Erbe ist von einem Throne,
Trägt gleichfalls die ererbte Krone.

Krug
Wasser in Händen ist nicht klug.
Gescheiter ist, man trägt's im Krug.

Küken
Das Küken, pickend Körnerfutter,
Folgt ständig piepsend seiner Mutter.

Kulissen
Kulissen, Abglanz unsrer Welt,
Werden auf Bühnen aufgestellt.

Kuß
Ein Gutenachtkuß ist sehr mild,
Ein Kuß aus Liebe feurig-wild.

Küste
Die Küste ist der Rand vom Land,
Zum Wasser hin. Und oft voll Sand.

Nur ein Schlenker mit der Zunge

Nur ein Schlenker mit der Zunge
Ist das L und reicht doch weit:
Lautet laut und lautet leise,
Lautet auf verschied'ne Weise,
Spricht von Luft- und Lebensreise
Und von Liebe, Lust und Leid.

L ist Laut der Lustbarkeiten.
Luftballone läßt er los.
Läßt die Leute hin und wieder
Lustig wandeln unter Flieder,
Läßt ertönen leichte Lieder,
Läßt gern lächeln klein und groß.

L ist eine Litfaßsäule.
Lies, was dort geschrieben steht:
Leckerli, die Milchschok'lade!
Lippenstifte Lola Bade!
Löffelt Vierfruchtmarmelade!
Lauch und Dill, direkt vom Beet!

L ist auch ein Zoo, wo Tiere
Lustig und lebendig sind:
Leopard und Lämmergeier,
Lama, Lachs und Löffelreiher,
Leguan (legt weiße Eier),
Löwe, Luchs und Langohr-Rind.

L läßt, wenn's zu Abend läutet,
Leuchten manche Lichter schon,
Lächelt mit dem Licht der Sterne,
Läßt aufleuchten nah und ferne
Leuchter, Leuchtturm und Laterne,
Lampenschirm und Lampion.

Nur als Schlenker mit der Zunge
Ist das L uns recht bewußt.
Doch es bringt uns Licht und Lachen,
Lieder, die uns Laune machen,
Es erzählt von vielen Sachen,
Auch von Liebe, Leid und Lust.

Labyrinth
Im Irrgang drin, im Labyrinth,
Bangt man, ob man den Ausgang find't.

Lachs
Der Lachs steigt jährlich in dem Lauf
Von Fluß und Strom zum Laichen auf.

Laib/Leib
Der Laib von Brot und Käs' ist rund.
Dein Leib ist hoffentlich gesund.

Landkarte
Landkarten zeigen nicht nur Land;
Auch See und Fluß sind drauf benannt.

Lappen
Der Lappen putzt und trocknet schön.
Die Lappen züchten Elch und Ren.

Larve
Die Larve ist a) Maskendings,
b) Vorform eines Schmetterlings.

Lastkraftwagen
Der Lastkraftwagen heißt seit je
Gekürzt und praktisch LKW.

Lauch
Das Blatt vom Lauch gleicht einem Schlauch.
Zum Lauch gehört die Zwiebel auch.

Lava
Die Lava – schweflig ihr Geruch –
Fließt glühheiß beim Vulkanausbruch.

Lawine
Ein Schneeball, abwärtsrollend klein,
Kann riesig als Lawine sein.

Lerche/Lärche
Die Lerche singt im Himmelsraum
Die Lärche ist ein Nadelbaum.

Leuchtturm
Des Leuchtturms Strahl beschützt das Schiff
Vor Wrack und Sandbank, Kliff und Riff.

Lexikon
Das Lexikon, es zeigt und nennt
Das, was die Menschheit weiß und kennt.

Libelle
Metallisch schillert die Libelle
Und schwirrt um manche Wasserstelle.

Liliputaner
Liliputaner, einst wie heute,
Sind kleiner als die meisten Leute.

Lineal
Macht dir das Linienziehen Qual,
Benutz dafür das Lineal.

Löffel
Mit Löffeln kann man aus den Töpfen
Und Tellern löffeln oder schöpfen.

Lokomotive
Lokomotiven zieh'n und schieben,
Mit Dampf, Öl oder Strom getrieben.

Löwenzahn
Als Pusteblume wohlbekannt,
Wächst Löwenzahn im ganzen Land.

Mandarinen, Apfelsinen

Willst du den Laut M erkennen,
Welcher wägt und mißt,
Mußt du mit zum Marktplatz rennen,
Wenn dort Markttag ist.

Mandarinen, Apfelsinen,
Milch und Mehl und Mais:
Marktfrau Dalles hat das alles,
Mäßig ist ihr Preis.

Marktfrau Meier hat dort Eier,
Markt- und morgenfrisch.
Marktfrau Zillig bietet billig
Muscheln an und Fisch.

Mayonnaise, Magerkäse,
Mettwurst frisch vom Schwein,
Mohrenköpfe, Marzipan gibt's,
Morcheln, Most und Wein.

Mokkatorte, beste Sorte,
Mag hier mancher gern,
Marmelade, Schokolade,
Mus und Mandelkern.

Mmm, Makronen und Maronen
Munden uns so sehr;
Mirabellen und Morellen
Machen auch was her.

Markt ist heute. Kommt, ihr Leute!
Macht euch draus ein Fest,
Macht's gemütlich, bis man friedlich
Markt und Fest verläßt.

Willst du den Laut M erkennen,
Welcher wägt und mißt,
Mußt du mit zum Marktplatz rennen,
Wenn dort Markttag ist.

Magnet
Magnete zieh'n den Eisenspan,
Und was sonst aus Metall ist, an.

Mähne
Es gibt das lange Haar, die Mähne,
Bei Hippie, Löwe, Pferd, Hyäne.

Maler
Der Maler malt in Öl, Pastell
Oder mit Wasser (Aquarell).

Manege
In der Manege gibt's den Clown
Und auch den Tiger anzuschau'n.

Mann
Ein Mann, weil im Gesicht behaart,
Rasiert sich oder geht mit Bart.

Marder
Der Marder, schlank, mit langem Schwanz,
Frißt manches Tier, von Maus bis Gans.

Margarine
Man macht aus Ölen Margarine,
Damit sie uns als Aufstrich diene.

Margerite
Die Margerite zeigt uns gerne
Auf Wiesen ihre Blütensterne.

Marienkäfer
Marienkäferchen: Es prunkt
Auf rot mit manchem schwarzen Punkt.

Marionette
Die Marionetten steh'n im Licht,
Die sie an Schnüren führen, nicht.

Maske
Die Maske zeigt zwar ein Gesicht,
Doch das des Trägers ist es nicht.

Mast
Der Schiffsmast Rah und Segel hält,
Der Zirkusmast das Zirkuszelt.

Matrose
Eng sind die Kojen, weit die Hosen
Von den seefahrenden Matrosen.

Mauer
Es brachen Mauern stolz und kühn
In Jericho und in Berlin.

Maurer
Der Maurer mauert Haus und Wand
Mit Wasser und Zement und Sand.

Maus
Sei es im Garten, sei's im Haus:
Der Mensch lebt immer mit der Maus.

Medaille
Medaillen, Orden, trägt mit Lust,
Wer sie verdient hat, vor der Brust.

Meer
Sehr weit vom Horizonte her
Dehnt sich unendlich aus das Meer.

Meerrettich
Mit Meerrettich, wie Senf so scharf,
Bestreichst du Würstchen nach Bedarf.

Meise
In jedem Erdteil singt die Meise,
Doch stets auf etwas andre Weise.

Meißel
Den Meißel treiben in den Stein
Gezielte Hammerschläge ein.

Messe
Messe ist Gottesdienst, doch auch
Als Warenschau ein alter Brauch.

Messer
Der Löffel leert, die Gabel sticht,
Das Messer schneidet das Gericht.

Mikroskop
Das Allerwinzigste auf Erden:
Im Mikroskop kann's sichtbar werden.

Mimose
Berührst du die Mimose – huh,
Klappt sie vor Schreck die Blätter zu.

Mixer
Der Mixer mixt, was sonst getrennt,
Sei's an der Bar, sei's beim Zement.

Mond
Den Mond, bald dünn und rundlich bald,
Seh'n wir in wechselnder Gestalt.

Mondlandefähre
Mondlandefähren sind's gewohnt,
Gezielt zu landen auf dem Mond.

Monster
Vom Kölner Dom die Wasserspeier
Sind Monster oder Ungeheuer.

Moor
Das Moor mit breiig weichem Grund
Zog manchen schon in seinen Schlund.

Moos
Ein weiches Polster bildet Moos.
Als Pflänzchen ist es nicht sehr groß.

Moped
Aus Motor und Pedal entstand
Das Moped, jedem Kind bekannt.

Mops
Der Mops mit faltigem Gesicht
Schaut mürrisch, aber ist es nicht.

Motor
Der Motor – oft mit viel Gebrumm –
Setzt Kraftstoff in Bewegung um.

Motorboot
Kein Segel braucht das Motorboot.
Doch ohne Kraftstoff kommt's in Not.

Motte
Die unscheinbare Motte ist
Der Schmetterling, der Kleidung frißt.

Möwe
Die Möwe kreischt, und aus der Höh'
Stößt sie zum Fischfang in die See.

Mücke
Blutsaugend uns am Leibe sitzen
Die Mücken, Schnaken oder Gnitzen.

Müll
Müll macht mit Plastiktopf und -tube
Die Erde bald zur Abfallgrube.

Mumie
Die Mumien sind Trockenleichen,
Gehüllt in Leinwand und dergleichen.

Mundharmonika
Die Mundharmonika erklingt,
Wenn man sie an die Lippen bringt.

Münze
Die Münze, rund und einst aus Gold,
Kursiert als Geld: Der Rubel rollt.

Murmel
Die Murmeln oder Schusser sollen
Gezielt ins Loch im Boden rollen.

Musikant
Wer musiziert mit eigner Hand
Und eignem Mund, ist Musikant.

Nervt das Nilpferd eine Nonne

Wörter, die mit N beginnen,
Nützen, um draus versefroh
Manch verdrehtes Garn zu spinnen,
Und das geht zum Beispiel so:

Neckt das Nashorn die Narzisse,
Neckt das Nebelhorn den Nerz.
Neckt der Nüsseknacker Nüsse,
Neckt die Niere gern das Herz.

Nennt der Narr die Gabel zinkig,
Nennt die Nixe Falsches wahr.
Nennt die Nase Nattern stinkig,
Nennt der Napf den Kuchen gar.

Nervt das Nilpferd eine Nonne,
Nervt die Nessel Nachbars Franz.
Nervt das Naß die Regentonne,
Nervt Nannette Noltes Hans.

Nützt das Nadelöhr der Nudel,
Nützt die Nachtigall der Nacht.
Nützt der Nachttisch oft dem Sprudel,
Nützt der Neuner gern der Acht.

Wörter, die mit N beginnen,
(Niemals, niemand, nirgendwo),
Taugen gut zum Nonsens-Spinnen,
Und das tat ich versefroh.

Ich schrieb Nonsens, weiter nichts,
Bis zum Ende des Gedichts.

Nabe
Die Nabe braucht nur wenig Platz
Als Herz und Mittelpunkt des Rads.

Nabel
Der Nabel ist die letzte Spur
Der abgetrennten Nabelschnur.

Nachtisch/Nachttisch
Der Nachtisch, meistens süß, schmeckt lecker.
Platz hat der Nachttisch für den Wecker.

Nadel
Von Nadeln voll ist mancher Baum.
Mit Nadeln näht man Naht und Saum.

Nagel
Metall'ne Nägel schlägt man ein.
Dein Nagel will beschnitten sein.

Nagetier
Ein Nagetier nagt Holz und Speisen,
Doch nagt es weder Blei noch Eisen.

Nähmaschine
Die Nähmaschine näht sehr schnell,
Und auch sehr sauber, maschinell.

Name
Den Namen tragen Frau und Mann,
Daß man sie unterscheiden kann.

Napfkuchen
Napfkuchen brauchen, nicht sehr teuer:
Backpulver, Butter, Mehl und Eier.

Narbe
Narben am Körper zeigen klar,
Wo früher eine Wunde war.

Nase
Die Nase zeigt als Riechorgan,
Was stinkt, und das, was duftet, an.

Neid
Wer dir nichts gönnt, den zwickt der Neid.
Er neidet dir Hut, Rock und Kleid.

Nest
Ein Vogelweibchen sitzt im Nest,
Wo es die Eier fallen läßt.

Netz
Man fängt mit Netzen, grob wie fein,
Sardinen und Makrelen ein.

Nikolaus
Sechster Dezember: In das Haus
Bringt Gaben dir der Nikolaus.

Notiz
Beachte ich Hans oder Fritz,
Nehm' ich von ihnen auch Notiz.

Notrufsäule
Die Notrufsäule ruft herbei
a) Feuerwehr, b) Polizei.

Nudelholz
Den Nudelteig rollt man glatt aus,
Hat man ein Nudelholz zu Haus.

Omar zieht zu der Oase

Omar in der Wüste drinnen
Hat erkannt im Wüstensand:
Wörter, die mit O beginnen,
Sind ihm meistens unbekannt.

Omar zieht zu der Oase.
Omar seufzt dabei und spricht:
Ostereier, Osterhase,
Osterfeier kenn' ich nicht.

Omar zieht durch Sandalleen
Ohne freudiges Gesicht.
Oleander, Orchideen,
Orang-Utans kennt er nicht.

Omar zieht durch Wüstenstreifen
Ohne eine klare Sicht.
Ochsen, Orgeln, Orgelpfeifen,
Ofenrohre kennt er nicht.

Omar mit den traurig-tristen
Off'nen Augen seufzt und spricht:
Oberhemden, Organisten
Oder Ottern kenn' ich nicht.

Omar, laß dich's nicht verdrießen,
Ohne Oberhemd zu sein,
Ohne Ofen auf vier Füßen,
Ohne Oggersheimer Wein.

Omar, hast du doch die Datteln
Oder Straußenei-Omelett
Oder das Kamel zum Satteln
Oder weichen Sand als Bett.

Omar, ohne Gasanzünder,
Ohne Oberhemd und Hut,
Ohne Smoking und Zylinder
Lebt es sich nochmal so gut.

Omar zieht im Zelte drinnen
Die Moral aus dem Gedicht:
Dinge, die mit O beginnen,
Braucht man meist in Wüsten nicht.

Ein P-Gedicht

Pluto war als Griechengott
Gott des Reichtums, meine Lieben.
Pluto wird mit P geschrieben,
Und er ging noch nie bankrott.

Plutos Lieblingssachen sind:
Perlen, Pelze, Prunkbalkone,
Palmenwedel, Pavillone,
Prachtballone für den Wind.

Pinguin und Pelikan:
Prahlend zeigt er sie im Rudel,
Protzt mit Panther, Pfau und Pudel,
Pinseläffchen, Pavian.

Pomp und Putz und Pluderkleid,
Prächtig passend fürs Theater,
Preist er an. Doch vieles hat er
Passend auch fürs Kind bereit:

Pudelmütze, Plastikschwert,
Puppe, Puppenkind und -stube,
Puppenmädchen, Puppenbube,
Puzzlespiel und Schaukelpferd.

Paket
Was man verpackt, wie man's auch dreht:
Verschnürt, verklebt gibt's ein Paket.

Palast
Paläste sind nicht Schlösser, doch
An Protz und Prunk oft reicher noch.

Papagei
Der bunte Papagei ißt gern
Banane, Nuß und Mandelkern.

Papier
Papier benutzt man im Büro,
Bei der Verpackung und im Klo.

Park
In einem Park, nicht Wald, nicht Garten,
Steh'n locker Bäume vieler Arten.

Parkhaus
Im Parkhaus (oft ein Häuserblock)
Parkt man bis hoch zum zehnten Stock.

Paß
Dein Paß wird abgestempelt, doch
Ein Paß quert Berge und heißt Joch.

Pauke
Der Musiker wie der Rabauke
Hau'n beide mächtig auf die Pauke.

Peitsche
Die Peitsche knallt bei Pferd und Wagen,
Doch kann sie auch den Kreisel schlagen.

Perücke
Ob Glatze oder Haar mit Lücken:
Beides vertuschen die Perücken.

Petersilie
Das Hausgewürz für die Familie
Ist vielerorts die Petersilie.

Pfadfinder
Pfadfinder helfen jederzeit.
Ihr Wahlspruch ist: Allzeit bereit!

Pfanne
Gebraten wird sehr gern und viel
In einer Pfanne, rund, mit Stiel.

Pfannkuchen
Pfannkuchen sind aus Mehl und Ei
Und oft gefüllt mit allerlei.

Pfifferling
Im Mischwald wird als Pilz entdeckt
Der Pfifferling, der pfeffrig schmeckt.

Pflug
Der Pflug aus Stahl bricht auf die Erde,
Daß für die Saat sie locker werde.

Pfote
Der Hund gibt Pfötchen, doch die Katzen,
Die können mit den Pfoten kratzen.

Pfütze
Daß er vor feuchtem Schmutz sich schütze,
Umgeht der Bürger jede Pfütze.

Pinsel
Mit Pinseln fegt man Staub fort, und
Mit Pinseln malt man Bilder bunt.

Pirat
Meist aufgelegt zu bösen Taten
Sind sowohl See- wie Luftpiraten.

Pizza
Zwar aus Italien kommt die Pizza,
Doch gibt's sie auch in Bonn und Nizza.

Plakat
Wer etwas mitzuteilen hat,
Macht's oft bekannt durch ein Plakat.

Poesiealbum
Ins Album für die Poesie
Schreibt man seit je: Vergiß mich nie!

Porträt
Was man Porträt nennt, ist gewöhnlich
Dein Brustbild und dir ziemlich ähnlich.

Postamt
Ins Postamt bringt man Briefe, Karten,
Geld und Pakete aller Arten.

Postbote
Postboten bringen uns die Post
Aus Nord und Süd, aus West und Ost.

Postkarte
Postkarten, oft von schönem Ort,
Schickt man meist ohne Umschlag fort.

Preßlufthammer
Es dröhnt bis in die fernste Kammer
Das Rattattatt vom Preßlufthammer.

Propeller
Propeller quirlen Luft heran,
Damit das Flugzeug fliegen kann.

Puffer
Kartoffelpuffer schmeckt famos.
Bahnpuffer dämpfen Puff und Stoß.

Pullover
Pullover meint: Zieh über! Meist
Tut man damit so, wie er heißt.

Pumpe
Die Pumpe pumpt im Auf und Nieder.
Wer Geld pumpt, kriegt es oft nicht wieder.

Pyramiden
Im Sand Ägyptens, tief im Süden,
Steh'n kegelförmig Pyramiden.

Rolle, rolle, rundes Rad

Rolle, runde Kuchenrolle,
Rolle, rolle, rundes Rad,
Weil das R solch eindrucksvolle
Lust am Rollend-Runden hat.
Rundes und was rollt – schaut her! –,
Oft beginnt's mit einem R:

Rad und Rhönrad, Rennrad, Reifen,
Rolle, Roller, Rollschuh und
Röcke, Ringe, Ringelschleifen,
Riesenrad und Riesenrund.
Rundum tönt im Äther froh
Rundfunk oder Radio.

Ringeln hat das R auch gerne:
Ringelnatter, Ringelschwanz,
Ringeltaube, Ringelsterne,
Ringelrangelrosenkranz.
Ringellocken fliegen viel
Rundherum beim Ringelspiel.

Rabe
So manches Kind hat Angst vor Raben,
Weil Raben schwarze Federn haben.

Radieschen
Die außen roten, innen weißen
Radieschen knacken schön beim Beißen.

Raketen
Raketen zischen durch das All
Auf selbsterzeugtem Feuerstrahl.

Rätsel
Was jemand jetzt nicht weiß, das rät er
Als Rätsels Lösung oftmals später.

Räuber
Der Räuber, der uns etwas raubt,
Kriegt oft vom Wächter eins aufs Haupt.

Raumfahrer
Raumfahrer im Raumanzug führen
Raumschiffe durch das All spazieren.

Raupe
Die Raupe, oft ein schönes Ding,
Wird schöner noch als Schmetterling.

Rebhuhn
Das Rebhuhn lebt familiär.
Es liebt Gebüsch und Waldrand sehr.

Reck
Wenn du Bauchaufschwung machst am Reck,
Dann bleibt dir oft die Puste weg.

Regenbogen
Halbrund am Himmel hingezogen
Siehst du den bunten Regenbogen.

Regentonne
In Regentonnen sich ergießt,
Was von Dachrinnen runterfließt.

Regenwurm
Das Erdreich lockernd, treibt sich stumm
Der Regenwurm im Grund herum.

Reiher
Langbeinig stakst durch Teich und Weiher
Gebog'nen Halses mancher Reiher.

Reis
Der Reis ist eßbar, zählt zum Gras,
Und seine Felder sind meist naß.

Riese
Mißt wer drei Meter, nennt man diesen
Wie Bremens Roland einen Riesen.

Ringelnatter
Wer eine Ringelnatter trifft,
Trifft eine Schlange ohne Gift.

Rollmops
Der Rollmops, morgens gern gewollt,
Ist saurer Hering, eingerollt.

Rollschuhe
Auf Rollschuh'n, festen Schuh'n auf Rädchen,
Rollen die Knaben wie die Mädchen.

Rose
Die Rose ist ein Stachelstrauch,
Blüht schön, oft rot, und duftet auch.

Rucksack
Im Rucksack steckt beim Ausflugmachen
Das Butterbrot nebst andren Sachen.

Rüssel
Als Rüsseltiere sind bekannt
Der Tapir und der Elefant.

Aufruf zum Sammeln

Sammelt in der Sandburg drinnen
Wörter, die mit S beginnen.
An der See gibt's davon viel:
Seetang, Seehund und Seemöwe,
Seepferd, Seestern und Seelöwe.
(Doch kein Hochseekrokodil.)

Streicht einmal die Fernsehserien.
Sammelt Wörter für die Ferien:
Sommer, Sonne, Sand und See;
Sprudel, Sprungbrett, Spielzeugtiere,
Sport und Spiel und Souvenire,
Surfbrett, Skateboard, Strandcafé.

Sack
Man trägt im Sack, ob leicht, ob schwer,
Stets irgend etwas hin und her.

Salto
Beim Salto mußt du es verstehen,
Im Sprung dich um dich selbst zu drehen.

Salz
Die Suppe wie das Brot mit Schmalz
Wird kräftig im Geschmack durch Salz.

Sattel
Der Sattel trägt den Reitersmann,
Solang der sich drauf halten kann.

Saxophon
Es quäkt mit hoch und tiefem Ton
Zum Tanz und Jazz das Saxophon.

Segelflugzeug
Das Segelflugzeug segelt bloß
Im Aufwind – völlig motorlos.

Seil
Es dient ein Seil (sofern es heil)
Als Sprung-, als Tanz-, als Absperrseil.

Seite/Saite
Ein jedes Ding hat viele Seiten.
Auf Saiten kann der Bogen gleiten.

Singen
Des Menschen Atem soll beim Singen
Wohltönend aus der Kehle dringen.

Sirup
Der Sirup fließt zähflüssig und
Ist süß und schmeckt dem Leckermund.

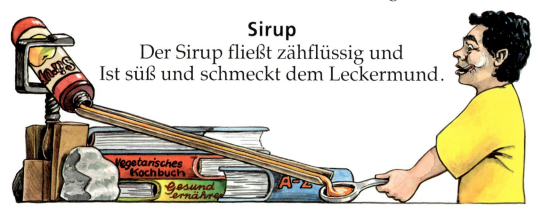

Skelett
Der Mensch wär weich wie Watte, hätt'
Er nicht aus Knochen sein Skelett.

Ski
Der Ski dient uns in Winterszeiten,
Um auf dem Schnee dahinzugleiten.

Sofa
Das Sofa gilt als angenehmer
Sitzplatz; doch Sessel sind bequemer.

Spatz
Spottdrossel, Spatz und Specht und Star:
Vier aus der deutschen Vogelschar.

Spiegel
Der Spiegel ist ein selt'nes Dings:
Dein rechtes Auge sitzt drin links.

Spiel
Nimm ernst das Spiel, spiel mit dem Ernst,
Damit du beides schätzen lernst.

Spinne
Die Spinne in des Netzes Mitte
Spürt selbst luftleichte Mückentritte.

Sprudel
Er sprudelt, spritzt und sprüht nicht nur:
Man trinkt ihn gerne auch zur Kur.

Sumpf
Sumpf ist wie Matsch: Er ist zwar nasser
Als Land, doch trockener als Wasser.

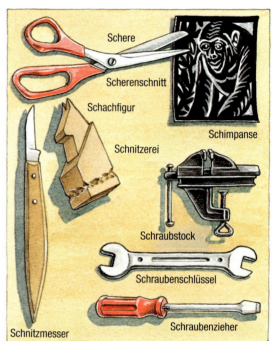

Das Sch-Gedicht

Der Laut, welcher streichelt,
Sch… sch…, wie die Hand,
Der schützt und der schmeichelt,
Schützt vieles im Land.

Ein Schirm schützt vor Regen,
Ein Schleier vor Sicht,
Ein Polster vor Schlägen,
Vor Schatten das Licht.

Eine Schachtel schützt Pillen,
Eine Schüssel das Mus,
Etuis schützen Brillen,
Ein Schuh schützt den Fuß.

Den Leib schützt die Decke,
Den Schafbock sein Horn,
Ihr Haus schützt die Schnecke,
Eine Scheune das Korn.

Ein Schlag schützt die Taube,
Ein Schreibschrank Papier,
Eine Schale die Traube,
Eine Schwelle die Tür.

Ein Schild schützt vor Hieben,
Ein Schornstein vor Rauch,
Ein Schloß schützt vor Dieben,
Ein Schlüssel tut's auch.

Ein Schiffskai schützt Schiffe,
Ein Riff schützt die Bucht,
Ein Umschlag schützt Briefe,
Eine Schote die Frucht.

Vernunft schützt vor Hetze,
Vorm Sturm schützt das Tal,
Der Schwefel vor Krätze,
Vor Halsweh der Schal.

Der Laut, welcher streichelt,
Sch… sch…, wie die Hand,
Der schützt und der schmeichelt,
Schützt vieles im Land.

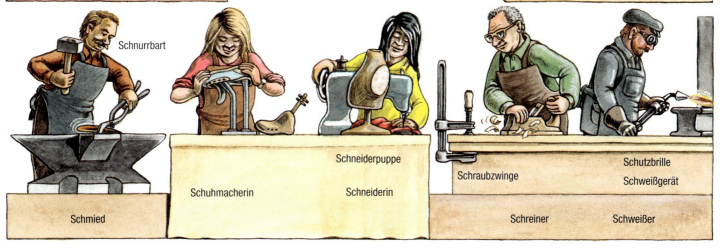

Schaffner
Der Schaffner knipst den Fahrschein, knips,
Bei Bus- und Bahn- und Ausflugstrips.

Schalter
Der Schalter an der Wand bringt Licht,
Der Schalter des Beamten nicht.

Schatztruhe
Schatztruhen, oft bewacht von Zwergen,
Sie sollen reiche Schätze bergen.

Schaufel
Mit einer Schaufel in der Hand
Bewegst du Dreck, Zement und Sand.

Schaufenster
Schaufenster zeigen außen an,
Was man im Innern kaufen kann.

Schaukel
Die Schaukel schwingt zurück und vor
Und trägt dich abwärts und empor.

Schere
Die scharfe Schere schneidet, schnapp,
Von Garn, Papier und Zwirn was ab.

Schiene
Zum festgelegten Fahren dienen
Bei Zug und Straßenbahn die Schienen.

Schimmel
Ein Schimmel ist von Kopf bis Stert,
Von Ohr bis Huf ein weißes Pferd.

Schlafanzug
Im Schlafanzug, genannt Pyjama,
Erlebst du träumend manches Drama.

Schlagzeug

Das Schlagzeug, das sehr laut sein kann,
Gibt bei der Band den Rhythmus an.

Schlitten
Ein Schlitten kann, bepackt mit Waren,
Doch auch mit dir, bergabwärts fahren.

Schlittschuhe
Schlittschuhe sind in Winterszeiten
Geeignet, übers Eis zu gleiten.

Schmutz
Schmutz gilt allseits und jederzeit
Als Gegenteil von Reinlichkeit.

Schneeflocke
Aus der Schneeflocke nach dem Fall
Wird der Schneemann und der Schneeball.

Schornsteinfeger
Den Schornstein putzt der Schornsteinfeger.
Und er bringt Glück als Besenträger.

Schranke
Versperrt den Weg dir eine Schranke,
Dann heißt das: Bitte stoppen! Danke!

Schule
Zur Schule geht der Mensch auf Erden,
Um wissend und gescheit zu werden.

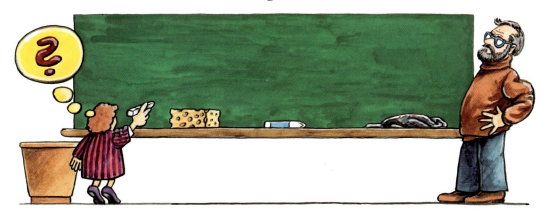

Lang, länger, am längsten

Länglich ist (wie Stert und Stint),
Was mit S und T beginnt.
Lies und staune und schau dann
Dir dazu die Bilder an.

Streifen, lange, zieht der Rauch,
Streifen haben Zebras auch.

Stangen, lange, braucht die schlanke
Stark gekrauste Bohnenranke.

Ströme, lange, wohlbekannt,
Strömen breit durchs weite Land.

Stundenlang am Ufer zieh'n
Strände lang und gelb sich hin.

Stiefel, lange, quietschen und
Staksen über feuchten Grund.

Strümpfe, lange, ärgern sehr,
Strapse aber noch viel mehr.

Stacheln steh'n oft lang am Stiel.
Streuner stromern lang und viel.

Stets mit Stecken, Stock und Stab
Streunt der Strolch straßauf, straßab.

Länglich ist (wie Stert und Stint),
Was mit S und T beginnt.
Lasest du die Verse, dann
Schau dir nun die Bilder an.

Stachelschwein
Gern nistet sich in Höhlen ein
Das borstenschwänzige Stachelschwein.

Stadt
Die Stadt, bewohnt von Menschenmassen,
Hat Häuser, Plätze, Straßen, Gassen.

Stall
Der Stall, oft angefüllt mit Dung,
Schützt Tiere vor der Witterung.

Stamm
Aus Wurzelwerk erhebt sich stramm
Bis zur Baumkrone der Baumstamm.

Star
Der Star, zum Sprechen auch begabt,
An Larven sich und Zecken labt.

Steckdose
Steckdosen spenden Strom dem Haus.
Steck Stecker rein: Strom kommt heraus.

Stein
Den Stein gibt's von verschied'ner Art;
Doch immer ist er fest und hart.

Stempel
Bei Amts- und bei Verwaltungskrempel
Brauchst du vor allem eins: den Stempel.

Stern
In klaren Nächten siehst du fern
Am Himmel stehen Stern bei Stern.

Stiel/Stil
Der Besenstiel ist fest und grad',
Ein Aufsatzstil oft ziemlich fad.

Stirn
Das hohe Vorhaupt, unsre Stirn:
Vor Stoß und Schlag schützt es das Hirn.

Stock
Wer hinkt, der weiß den Stock zu loben.
Im zwölften Stock wohnt man hoch oben.

Stopp
Soll jemand springen, sagt man hopp;
Soll jemand halten, sagt man stopp.

Stoppuhr
Bruchteile von Sekunden mißt
Die Stoppuhr, die in Ordnung ist.

Storch
Storch Langbein futtert Frosch und Wurm
Und baut sein Nest auf Dach und Turm.

Straße
Die Straße dient im Stadtverkehr
Von früh bis spät dem Hin und Her.

Straßenbahn
Die Straßenbahn, auch Tram genannt,
Fährt durch die Stadt, nicht über Land.

Stundenplan
Am Stundenplan erkennt ein Kind,
Wann welcher Unterricht beginnt.

Tempelgong und Tubaton

Tom, der Trommler, läßt so gerne
Tönen, was mit T beginnt:
Truhe, Tüte, Tor, Taverne,
Tränke, Trog und Trauungsring.

Tönen läßt er Tisch, Terrasse,
Trittbrett, Toastbrot, Tragebett,
Töpfer, Töpfe, Tülle, Tasse,
Teetopf, Teesieb, Teetablett.

Tom, der Trommler – seht, da steht er! –
Trägt gern vor im Trommelton:
Traktor, Tandem, Tachometer,
Trickfilm, Taxi, Telefon.

Trommelnd sagt er: Tank, Tankstelle,
T-Shirt, Torwart, Trimm-dich-Pfad,
Tor, Türklinke und Türschwelle,
Tunnel, Turm und Tourenrad.

Tom, der Trommler, meint, er locke
Tausend Wörter aus dem T:
Taucheranzug, Taucherglocke,
Taucherbrille, Titisee.

Tom lockt weiter: Thermosflasche,
Thunfisch, Tierarzt, Tau und Tuch,
Turban, Taschenuhr und Tasche,
Tintenfaß und Tagebuch.

Tom, der Trommler – Traute hat er –
Tritt am Ende mit Triumph,
Teils im Frei'n, teils im Theater,
Trommelnd auf. Das ist sein Trumpf:

Trommelwirbel! Tusch! Trompete!
Tempelgong und Tubaton!
Toller Tanz! Und von der Fete
Trägt zum Schluß die Festrakete,
Tschüs und tschau, den Tom davon.

Tafel
An einer Tafel schreibst und liest du.
Die Tafel Schokolade ißt du.

Tanne
Die Tanne schmückt und ziert den Raum,
Wenn Winter ist, als Weihnachtsbaum.

Tänzerin
Die Tänzerin scheint durch das Leben
In lauter Tüll dahinzuschweben.

Tasche
Zum Tragen dienen (oft mit Lasche)
Die Hand-, Geld-, Schul- und Einkaufstasche.

Teddybär
Schlaflos läg' manches Kind im Bett,
Wenn's seinen Teddybär nicht hätt'.

Telefon
Es schrillt mit meist zu lautem Ton
Durchs stille Haus das Telefon.

Tempel
Der Tempel, einst ein Gotteshaus,
Ist Vorbild manches Säulenbaus.

Tintenfisch
Der Tintenfisch – daß Gott erbarme! –
Ist nur ein Sack und hat acht Arme.

Tischler
Der Tischler schreinert Tische, Bänke
Und Bord und Bett und Einbauschränke.

Torte
Die Torten, die so lecker schmecken,
Sie zählen zu den Festgebäcken.

Trommel
Die Trommeln trommeln und verkünden,
Man möge sich zusammenfinden.

Unser Uhu in der Ulme

Unser Uhu in der Ulme
Gibt des Nachts bei Unken an,
Was er lehren und erklären
Und dazu beschreiben kann.

Urlaub, sagt er, das sind Ferien,
Urwald nennt man Dschungel auch.
Unrat meidet!
Umwelt leidet
Unter Gift und Öl und Rauch.

Uhrenmacher machen Uhren.
Uhrenzeiger zeigen Zeit.
Uhren ticken.
U-Bahn schmücken
Ulkplakate hoch und breit.

Urnen, sagt er, gibt's bei Wahlen,
Und im Friedhof ebenfalls.
Unke, Affe
Und Giraffe:
Unterschiedlich ist ihr Hals.

Ulmen, ulkt er, sind im Winter
Unbekleidet, unbelaubt.
Unken unken,
Und sie tunken
Unter Wasser gern ihr Haupt.

Unser Uhu in der Ulme
Protzt des Nachts im Unkenkreis
Als geriss'ner Alleswisser,
Der in Wahrheit – wenig weiß.

Ein Fremdling unseres Alphabets

Das V (für unser Abc
Ein etwas fremdes Wesen),
Es ist bei Vase wie ein W,
Bei Volk wie F zu lesen.

Als Fremdling hat's manch Fremdwort hier
Gebracht seit alten Zeiten.
Ich nenn' ein paar und sage dir
Zugleich, was sie bedeuten.

Vampire, heißt es, saugen Blut,
Vanille gibt Aroma,
Vulkane speichern Lavaglut,
Vitrinen Kram von Oma.

Von Violinen geigt es fein,
Von der Viola tiefer,
Veranden sammeln Sonne ein,
Vor Villen wächst die Kiefer.

Ventile lassen Druckluft ab,
Ventilatoren lüften,
Vom Video kommt Lärm, nicht knapp,
Von Vasen meist ein Düftchen.

Vom Videorecorder kann
Viel aufgenommen werden.
Versöhnlich tönt's im Vatikan
Vom Frieden hier auf Erden.

Das V (für unser Lexikon
Ein etwas fremdes Wesen),
Es hat für uns seit eh und je
Manch Fremdwort aufgelesen.

Es brachte Wörter her.
Wir danken dafür sehr.

Veilchen
Des violetten Veilchens Duft
Füllt schon im März bei uns die Luft.

Verband
Ein Wundverband verbindet Wunden,
Ein Fachverband zum Beispiel Kunden.

Verbandszeug
Verbandszeug ist: Mull, Leinen, Watte,
Beim Streckverband auch manche Latte.

Vergißmeinnicht
Blau, weiß und rosa blüht's und spricht:
Ich heiß' und wünsch' Vergißmeinnicht.

Verkehrsampel
An Ampelfarben gibt es drei:
Rot – stopp; gelb – warte; grün – ist frei!

Verkehrszeichen
Willst du am Leben bleiben: Scher
Dich um die Zeichen im Verkehr.

Verkleidung
Verkleidet willst du, daß die Welt
Dich für ganz jemand anders hält.

Vers
Schreib einen Vers ich aufs Papier,
Reimt er sich oft – wie dieser hier.

Versteinerung
Versteinert heißt, ob groß, ob klein:
Es wurde durch und durch zu Stein.

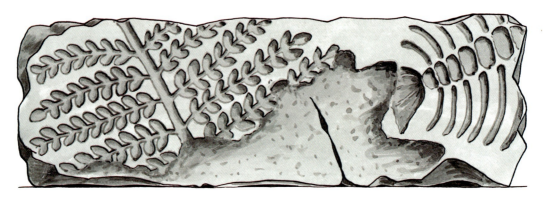

Vielfraß
Vielfraß nennt sich ein Marder. Doch:
Nennt man nicht so manch andren noch?

Viereck
Ein Viereck hat vier Ecken und
Vier Seiten. Und ist niemals rund.

Vogelbauer
Im Bauer hat ein Vogel Sicht,
Pflege und Kost – nur Freiheit nicht.

Vogelbeere
Manch Vogel Vogelbeeren sucht.
Sie sind der Eberesche Frucht.

Vogelscheuche
Die Vogelscheuche steht im Feld
Als Täuschung für die Vogelwelt.

Vorhang
Den Vorhang hoch: Spielt mit Applaus!
Den Vorhang zu: Das Spiel ist aus.

Vornehm
Wer vornehm ist, macht nicht viel her,
Wer vornehm tut, dagegen sehr.

Vorsicht
Wer Vorsicht übt, entgeht – ganz klar –
So mancher drohenden Gefahr.

Vulkan
Ein Berg, der Feuer speien kann
Und es auch tut, ist ein Vulkan.

Wimpelweh'n und Wipfelwiegen

Willst du wissen, wie das W klingt?
Wie's im Wasser, wie's am See klingt?
Wie es wägt und wankt und wippt,
Wogt im Wind wie Wald und Wiese?
Wäg dann Wörter ab wie diese,
Welche ich hier abgetippt:

Welle, Woge, Wasser, Weiher,
Wasserfall und Wasserspeier,
Wasserleitung, Wasserhahn,
Wimpelweh'n und Wipfelwiegen,
Wickennicken, Wespenfliegen,
Weidenufer, Wasserkahn.

Waffel
Die Waffel, oft geschmückt mit Zacken,
Wird zwischen Eisen ausgebacken.

Wal
Der Wal, ein Säugetier im Meer,
Ist riesengroß und tonnenschwer.

Walderdbeere
Die leckersten der Erdbeerarten
Wachsen im Walde, nicht im Garten.

Walnußbaum
Der Walnußbaum, der Nüsse gibt,
Ist auch als Möbelholz beliebt.

Wendeltreppe
Die Wendeltreppe als Spirale,
Dreht um sich selbst sich viele Male.

Wespe
Die Wespe, deren Stich uns brennt,
Baut Nester wie aus Pergament.

Wigwam
Den Wigwam baut nach alter Sitte
Der Indianer sich als Hütte.

Windmühle
Windmühlen dreh'n sich, je nach Wind,
Mal langsam und mal sehr geschwind.

Wolke
Die Wolke, grau und trüb für viele,
Bringt Regen auch und Schattenkühle.

Wurm
Geschützt vor Sonnenbrand und Sturm,
Kriecht durch das Erdreich stumm der Wurm.

Fritz Ix und Frieda Ypsilon

Fritz Ix und Frieda Ypsilon,
Die machen uns gelehrter.
Sie bringen uns ins Lexikon
Das Xylophon (mit Hammerton),
Den Park mit Namen Yellowstone
Und andre selt'ne Wörter.

Sie führen x-fach gerne vor:
X-Strahlen und X-Beine,
Herrn Xerxes, der 'ne Schlacht verlor,
Xanthippe, die den Zank erkor
(Falls Sokrates ihr lieh sein Ohr),
Und Xanten, Stadt am Rheine.

Sie zeigen uns das Tibetrind,
Das Yak und auch den Yeti
(Den Mann in Schnee, Eis und Wind),
Den Yogi, der an Geist gewinnt,
Und Yachten, die zu teuer sind
Für Krethi und für Plethi.

Sie bringen uns die Yucca nah,
Die schöne Palmenlilie,
Den Yankee aus den USA,
Die Wurzel Yams aus Afrika,
Aus Yverdon, Helvetia,
Yvonnchen samt Familie.

Sie zeigen Yucatan mit viel
Folklore und viel Buntheit,
Die Weltenesche Yggdrasil,
New York und York als Reiseziel
Und wünschen schließlich mit Gefühl
Auf oberbayrisch Xundheit.

Das Wünschen tut nicht weh.
Ix, Ypsilon, ade!

Das Z ist das Ende

Das Z ist das Ende. Es steht ja am Schlusse.
Doch steht's auch am Anfang von Wörtern wie Zahn,
Zahnbürste, Zahnpasta, Zahnarzt und Zahndusche.
Es führt uns zum Zug und zur Zugspitzbahn.

Z führt uns als Anlaut zu Zahlen und Zeichen,
Zu Zapfen und Zacken, zu Zügel und Zaum,
Zu Zeiger und Zifferblatt, Zeit und dergleichen,
Zu Zange und Zinken und Zedernbaum.

Z führt zum Zwilling, zu Zwieback und Zwecke,
Zu Zwiebel und Zucker, Zimt, Zebra und Zoo,
Zu Zaunkönig, Zeisig und Ziege und Zecke,
Zu Zollnummer, Zettel und Zeitungsbüro.

DIE ZEITUNG

11/93   **Zeitgeschehen aus Politik, Wirtschaft, Kultur und Sport**   Zwei Mark

Zuschauer begeistert
Zirkus ZARETTI mit neuem Programm im neuen **Zelt!**

Zufall oder **Zauberei?** **Ziffernblatt** und **Zeiger** der Welt**z**eituhr **zerbrochen**

Zu zweit auf der **Zugspitze: ZWILLINGE** besteigen Deutschlands höchsten Berg zu Fuß (2962 m).

Z zieht aber gleichfalls voll Zorn durch die Gegend
Zickzack, wie ein Gott mit dem Blitz in der Hand,
Zermalmend die Gärten, die Häuser zerlegend,
Zerbrechend, was zart und was schön ist im Land.

Z will dann zerreißen, zerschmeißen, zerbeißen,
Zerhacken, zerknacken, zerkleinern, zerkau'n,
Zerschellen, zerspellen, zerschleißen, zerspleißen,
Zerraufen, zerlaufen, zerschlagen, zerhau'n.

Zum Schluß ist zerschlissen, zerbissen, zerrissen,
Zerschmettert, zerfleddert, zerrädert, zerstiebt,
Zersplittert, zerknittert, zersprengt und zersplissen,
Zerbröckelt, zerstückelt, was immer es gibt.

Das Z ist der Schlußlaut. Das Z steht am Ende.
Doch steht's auch am Anfang von Wörtern wie Zahn.
Und reichen im Kreis sich die Laute die Hände,
Fängt gleich nach dem Z schon das A wieder an.

Betrug!
Zigaretten ohne Nikotin gibt es doch nicht!!!

Zitrone

Zwiebel

...lich auf einen Blick: ...e lateinischen **Zahlen**

I II III IV V VI VII
1 2 3 4 5 6 7
VIII IX X L C D M
8 9 10 50 100 500 1000

...neue **Zugstrecke**
ZUG DB 02/93

Zauberfee

Zeder und Zypresse

Zaubertricks mit **Zylinder, Zahnpasta** und **Zahnbürste**...

Zauberer
In Zauberers Hand – es ist zum Lachen –
Erscheinen und verschwinden Sachen.

Zeppelin
Zigarrenförmig fliegt er hin,
Mit Gondel dran: der Zeppelin.

Zipfelmütze
Am Zipfel haben Zipfelmützen
Den Pompon, eine Quaste, sitzen.

Zirkel
Du zeichnest einen Kreis vollkommen,
Weil du den Zirkel hergenommen.

Zopf
Beim Pferdeschwanz am Mädchenkopf
Flicht man aus Strähnen einen Zopf.

Zunge
Das Z zu sprechen ohne Zungen,
Ist groß wie klein noch nie gelungen.

Zwerg
Riesige Hügel nennt man Berge.
Kleine Erwachs'ne nennt man Zwerge.

Zwetschge
Die Zwetschge, eine blaue Pflaume,
Hat Kern, ist süß und hängt am Baume.

Zylinder
Kaum sieht man heutzutage noch
Zylinderhüte, schwarz und hoch.

Zypresse
Hoch, ernst und dunkel kannst du seh'n
Zypressen, die an Gräbern steh'n.

Zirkuszelt

Was allen Leuten gut gefällt:
Im Zirkuszelt wird's vorgestellt.
Doch nun sind Buch und Zirkus aus,
Wir bitten freundlich um Applaus.